Venceremos

por Chanelle Peters

Scott Foresman
is an imprint of

Glenview, Illinois • Boston, Massachusetts • Chandler, Arizona
Upper Saddle River, New Jersey

Photographs

Every effort has been made to secure permission and provide appropriate credit for photographic material. The publisher deeply regrets any omission and pledges to correct errors called to its attention in subsequent editions.

Unless otherwise acknowledged, all photographs are the property of Pearson Education.

Photo locators denoted as follows: Top (T), Center (C), Bottom (B), Left (L), Right (R), Background (Bkgd)

Cover: ©World History Archive/Alamy; **1** ©Library of Congress; **3** ©Library of Congress; **4** ©Library of Congress; **5** ©Library of Congress; **6** ©Library of Congress; **7** ©Library of Congress; **8** ©Library of Congress; **10** ©Library of Congress; **11** ©Library of Congress; **12** ©Library of Congress; **14** ©Library of Congress; **16** ©World History Archive/Alamy; **17** ©Library of Congress; **18** ©AP Images; **19** Courtesy: CSU Archive. Collection: Everett Collection Inc./age fotostock

ISBN 13: 978-0-328-52894-3
ISBN 10:   0-328-52894-3

4 5 6 7 8 9 10 V0B4 18 17 16 15

Una lucha por la libertad

Durante cientos de años, **generaciones** de afroamericanos han luchado para ser tratados como iguales en los Estados Unidos. Muchos se vieron obligados a venir a los Estados Unidos como esclavos. Con el tiempo, muchos estadounidenses comprendieron que esto era un error y lucharon duramente para poner fin a la esclavitud. Incluso después que fue abolida la esclavitud la lucha por la igualdad continuó.

Los primeros africanos traídos a los Estados Unidos eran capturados y separados de sus tierras de origen, en África. Llegaron a los Estados Unidos en barco. Una vez aquí, la mayoría de los africanos eran vendidos y forzados a trabajar en las plantaciones.

Esclavos africanos trabajan en una plantación.

AM I NOT A MAN AND A

UAW SAYS
BLACK and
WHITE
UNITE...
FOR
WHAT'S
RIGHT!

4

Durante su cautiverio, los africanos esclavizados se resistieron. Algunos lucharon con los miembros de la tripulación del buque que los llevaba rumbo a los Estados Unidos. Otros saltaron al océano. Algunos esperarían la llegada a los Estados Unidos para defenderse. Otros huyeron de los propietarios de las plantaciones. Algunos fingieron estar enfermos y otros se negaron a trabajar. Lamentablemente, había que hacer un esfuerzo mucho mayor para poner fin a la esclavitud en los Estados Unidos.

A principios del siglo XIX, **numerosos** afroamericanos y europeos se unieron para luchar contra la esclavitud. Su objetivo era suprimir, o poner fin, a la esclavitud. Este grupo de personas fue conocido como abolicionistas. Muchos abolicionistas formaron grupos, celebraron reuniones y conferencias, se negaron a comprar productos hechos por personas esclavizadas y pronunciaron discursos sobre la lucha contra la esclavitud. Sin embargo, la lucha era más profunda y más personal para los afroamericanos. Ellos querían alcanzar la igualdad de derechos en los Estados Unidos.

Esta medalla muestra un reclamo de los afroamericanos por su libertad.

El movimiento abolicionista

En 1829, se inició un movimiento abolicionista popular con los escritos de David Walker. El padre de Walker fue un hombre esclavizado y su madre fue una mujer libre afroamericana.

Walker estaba interesado en el hecho de que no todos los afroamericanos estaban esclavizados. En sus

William Lloyd Garrison

escritos decía a las personas esclavizadas cuándo usar la fuerza para rebelarse, o cuándo luchar de manera soterrada contra sus amos.

William Lloyd Garrison fue un abolicionista norteamericano que no estuvo de acuerdo con Walker ni con la idea de utilizar la violencia para ayudar a poner fin a la esclavitud. De 1831 a 1865, Garrison publicó un periódico llamado *El Libertador* donde solicitó a los abolicionistas no utilizar acciones violentas, para cambiar la idea de las personas acerca de la esclavitud.

Otro abolicionista que creyó en la no violencia fue Frederick Douglass. Había sido esclavizado en Maryland antes de escapar a la libertad. Douglass pasó la mayor parte de su vida dando discursos sobre la igualdad y el fin de la esclavitud. También publicó, en 1845, un libro sobre su vida como un hombre esclavizado. Se llamó *Narración de la vida de Frederick Douglass, un esclavo norteamericano, escrita por él mismo.*

Frederick Douglass.

Las mujeres también desempeñaron un papel importante en el movimiento abolicionista. Ellas se pronunciaron en contra de la esclavitud a través del discurso público y la escritura. Muchas mujeres escaparon de la esclavitud y se dedicaron a ayudar a otras a escapar hacia la libertad.

En 1831, María Stewart empezó a escribir y dar discursos sobre la lucha contra la esclavitud y sobre cómo hacer mejor la vida de las personas afroamericanas. Stewart era afroamericana y fue la primera mujer en la historia de los Estados Unidos en hablar de cuestiones políticas en público. Ella creía firmemente en la igualdad de derechos no sólo para los afroamericanos, sino para todas las mujeres.

Sojourner Truth.

En 1843, Isabel Baumfree era una mujer libre de Nueva York que había sido esclava. Ella creyó que tenía el deber de hablar acerca de poner fin a la esclavitud. Baumfree también creyó que al comenzar su nueva vida necesitaba un nuevo nombre. Empezó por llamarse a sí misma Sojourner Truth, nombre que significa *morada de la verdad*. En realidad ella nunca aprendió a leer porque nació en la esclavitud y no se le permitió ir a la escuela. Sin embargo, tenía buenas habilidades como oradora y dio discursos convincentes.

En 1849, una mujer esclava de nombre Harriet Tubman huyó de su dueño en Maryland y se escapó a Pensilvania. Tubman regresó al Sur diecinueve veces para ayudar a otras personas esclavizadas a obtener la libertad.

Harriet Tubman fue una de las más conocidas "conductoras" del ferrocarril subterráneo. El ferrocarril subterráneo no era un ferrocarril. Se trataba de un grupo de personas en todo el país que ayudaban a escapar a las personas esclavizadas del Sur, y les proporcionaban lugares para permanecer seguras durante el viaje.

Los miembros del ferrocarril subterráneo utilizaron el lenguaje de los ferrocarriles para evitar ser descubiertos. Los lugares donde los fugitivos descansaban y comían se llamaron estaciones y depósitos. Eran dirigidos por jefes de estación. Las personas que donaban dinero y suministros eran accionistas. Los conductores eran los encargados de trasladar fugitivos de una estación a la siguiente y de protegerlos del peligro en el trayecto.

Harriet Tubman.

El presidente Abraham Lincoln firmó la Proclama de Emancipación el 1 de enero de 1863. Esto liberó a algunas personas esclavizadas. Pero las personas negras no obtuvieron automáticamente la igualdad de derechos en los Estados Unidos. En muchas zonas no se les permitía estar en los mismos lugares que los blancos. Las personas negras estaban separadas de las blancas en las escuelas, en los autobuses y en los restaurantes. No fue sino hasta las décadas de los años cincuenta y sesenta que los afroamericanos finalmente comenzaron a recibir igualdad de trato. Esa lucha por lograr la igualdad de derechos se conoce como Movimiento de Derechos Civiles.

El Movimiento de Derechos Civiles

Hasta principios de los 50, en algunos estados, a los niños negros no se les permitía asistir a la escuela con los niños blancos. En 1952, algunos abogados fueron a la Corte Suprema de Justicia de los EE. UU., el más alto tribunal de la nación. Allí sostuvieron que los niños negros debían asistir a la escuela con los niños blancos. Los abogados dijeron que la separación por el color de la piel de los estudiantes negros de los estudiantes blancos en las escuelas era injusta. Creían que no debía permitirse. La Corte Suprema estuvo de acuerdo y determinó que era ilegal impedir que los estudiantes negros fueran a la escuela con estudiantes blancos.

Rosa Parks.

Otros cambios tuvieron lugar durante la década de los años cincuenta. A las personas negras sólo se les permitía sentarse en los asientos traseros de los autobuses; los asientos delanteros eran para la gente blanca. Aquello era **demoledor**. En diciembre de 1955 una mujer llamada Rosa Parks fue arrestada en Montgomery, Alabama, porque no cedió su asiento en un autobús a una persona blanca.

Cuando otras personas negras oyeron hablar de la detención de la señora Parks decidieron boicotear, o dejar de utilizar, los autobuses. Entonces, en 1956, la Corte Suprema de los EE.UU. dictaminó que la separación de las personas en los autobuses era inconstitucional, o sea, que iba en contra de los principios fundamentales del país.

La lucha por la igualdad de derechos continuó durante la década de los años sesenta. A las personas negras no se les permitía almorzar en bares o restaurantes con la población blanca. En 1960, en Carolina del Norte, cuatro **desprevenidos** estudiantes negros entraron a un restaurante y se sentaron a almorzar en la barra, pero no les servían por ser negros. Los estudiantes permanecieron en el lugar desde la hora de almuerzo hasta la hora de cierre.

Al día siguiente, los estudiantes regresaron. Trajeron con ellos un número mayor de estudiantes en busca de apoyo. Pronto la idea tuvo éxito. En otras ciudades los estudiantes comenzaron a ir a los bares a almorzar y se negaban a salir, aunque nunca se les diera de comer.

Los estudiantes negros a veces eran maltratados por la gente durante el tiempo que estaban en los bares. Sin embargo, ellos evitaron el uso de la violencia hacia los demás. Optaron por dejar que sus acciones hablaran por sí mismas. Algunos estudiantes en Carolina del Norte incluso formaron su propio grupo llamado Comité de Coordinación Estudiantil de No Violencia.

Estudiantes negros sentados en un bar en 1960.

Finalmente, la población negra de los Estados Unidos dejó ver que no renunciarían a la lucha por sus derechos. No iban a estar separados de los blancos por el color de su piel. El 28 de agosto de 1963, alrededor de 250,000 personas, blancas y negras, se reunieron en la Marcha sobre Washington. Fueron hasta el Monumento a Lincoln en Washington, D.C., a pedirle al presidente John F. Kennedy y al Congreso que garantizaran a todas las personas la igualdad de derechos a la educación, al empleo y al uso de lugares públicos. Se unieron para que fueran escuchadas sus voces.

Marcha sobre Washington.

Martin Luther King, Jr.

Un joven **ministro**, el reverendo doctor Martin Luther King, Jr., asistió a la Marcha sobre Washington. Él fue durante mucho tiempo el líder del Movimiento de Derechos Civiles. Ayudó a dirigir el boicot de autobuses en Montgomery, Alabama. El doctor King fue un poderoso orador. Se paró frente a la enorme muchedumbre de manifestantes en Washington, D.C., al igual que lo hizo en el **púlpito** de su iglesia. Pronunció un discurso llamado *Yo tengo un sueño*. El doctor King habló de su esperanza de que un día todas las personas se trataran unas a otras como iguales. Él creía en la no violencia y habló con fuerza. Su sueño era el sueño de todos sus seguidores, quienes lo vitorearon y compartieron sus sueños para el futuro de los Estados Unidos.

Marcando la diferencia

En 1965 el gobierno había aprobado varias leyes de derechos para las personas en los Estados Unidos. Una de las más famosas de esas normas fue la Ley de Derechos Electorales de 1965. Este acto hizo que fuera

ilegal para los estados del sur prohibir que la gente negra votara y no dejar que sus voces se oyeran en la toma de decisiones políticas. Como resultado de la Ley de Derechos Electorales de 1965, el número de votantes negros registrados creció. Esta ley también ayudó a mucha gente negra a convertirse en parte de la política y a conseguir trabajos en el gobierno.

Votación en Birmingham, Alabama, después de ser aprobada la Ley de Derecho al Voto de 1965.

Afroamericanos votan por primera vez en un pequeño pueblo de Alabama en 1966.

Durante el movimiento de los derechos civiles, los afroamericanos se identificaban por cantar una canción que muchos de sus **antepasados** habían entonado durante los días de la esclavitud. Unir sus voces en esa canción les ayudó a encontrar la fuerza necesaria. La canción se llamaba *Nosotros venceremos*. Fue una de las muchas maneras por las cuales los afroamericanos mostraron a los Estados Unidos que se mantendrían en la lucha hasta que se les concediera la igualdad de derechos. Hoy en día todavía hay ocasiones en que algunas personas en los Estados Unidos luchan por ser tratadas con equidad. Pero recuerdan a toda la gente que en el pasado se negó a ser tratada de manera diferente debido al color de su piel y encuentran la fuerza para superarlo.

Glosario

antepasados *s.* personas de quienes se desciende.

demoledor *adj.* destructor; arrollador.

desprevenidos *adj.* no preparados, no advertidos para algo.

generaciones *s.* personas nacidas aproximadamente en los mismos años.

ministro *s.* miembro del clero; guía espiritual, pastor.

numerosos *adj.* gran cantidad; abundantes.

púlpito *s.* plataforma o estructura elevada en una iglesia que se usa para que el ministro predique su sermón.